Los Baby Showers

Cómo celebrar la llegada al mundo de tu hijo

Andrea Ferrán Hernández

ISBN: 978-1503019577

TABLA DE CONTENIDOS

INTRODUCCIÓN

¡Qué maravilla! Una de sus mejores amigas en todo el mundo acaba de anunciar que está embarazada. Naturalmente, estás encantado/a, y no puedes contener tus lágrimas de alegría. Es difícil imaginar que, en apenas unos meses, esa amiga especial va a ser una madre (tal vez incluso por segunda o tercera vez... o más).

Al tiempo que tú asimilas la maravillosa noticia, tu amiga ya esta visualizando todo el viaje que marcará el comienzo de una nueva vida en el mundo: las visitas al ginecólogo, las molestias de la mañana, las ecografías, la montaña rusa de emociones que finalmente culminará en una experiencia que desafía toda descripción.

De hecho, a pesar de la frecuencia de los nacimientos - decenas de miles por día, en todo el mundo - sigue siendo algo poco menos que milagroso. No es difícil imaginar, por tanto, que su amiga está reflexionando sobre cuestiones que son realmente difíciles de poner en palabras.

Tu mundo, sin embargo, es bastante más pragmático. Estarás pensando en el baby shower; o mejor dicho, estarás pensando que quizás no sepas lo suficiente acerca de la planificación y la gestión de un baby shower. Y eso te ha preocupado.

Bueno, ¡di adiós a tus preocupaciones! En tus manos está "Los Baby Showers. Cómo Celebrar la llegada al mundo de tu hijo". En las páginas siguientes, aprenderás todo lo que necesitas saber para un baby shower perfecto. En este libro veremos:

- Planificación de un Baby Shower

- La gestión de un Baby Shower de principio a fin

- Otros consejos, estrategias y sugerencias

No te preocupes si nunca has organizado un baby shower antes. Y mucho menos aún si en el pasado has tratado de organizar un baby shower pero tropezaste con algunos obstáculos en el camino. Este libro está diseñado para ser fácil, práctico y divertido.

De hecho, si no tienes cuidado, es posible que te conviertas en un especialista en la organización de baby showers a quien los demás llamen por sus consejos y puntos de vista. Ahora ¿a que eso sería divertido?

A medida que avances en la lectura de este libro, tendrás que tener en cuenta que las sugerencias que hacemos son para ser usadas y ayudar en el trabajo que un evento así conlleva, si bien siempre existe un elemento de singularidad en cada baby shower.

Así que en vez de organizar un baby shower en la forma en que pondrías los ingredientes de una receta - tal y como están en la lista y terminar con un plato sabroso pero predecible – te aconsejamos enfocar la organización de una forma un poco diferente. Utiliza los consejos de aquí como una guía para la creación de un día mágico para la futura madre y las personas que asistan a la fiesta del bebé.

Algunas de las ideas aquí recogidas las querrás poner en marcha; otras podrían no encajar con lo que estás tratando de hacer o lo que se puede hacer (por ejemplo, algunos de los juegos de baby shower de los que hablamos). No te preocupes si sólo aplicas algunas de las pautas que vas a leer aquí. Utiliza tu sentido común y recuerda: los baby showers se supone que son eventos divertidos y especiales. Estos no están destinados a ser estresantes y la última persona que debería sentirse abrumada eres tú.

Ahora que tienes este libro, organizar un baby shower excelente y memorable podría ser la cosa más fácil que hayas hecho en años (por supuesto, no tienes que decirle a la gente que te ha resultado tan fácil...)

LA PLANIFICACIÓN

Hay un debate en curso - que en realidad puede llegar a ser muy emocional y vocal - que trata de determinar si es o no un familiar quien debe organizar el baby shower. Tradicionalmente, ha prevalecido la idea de que un familiar no debe poner en marcha un baby shower, ya que puede parecer que está pidiendo regalos. Sin embargo, las tradiciones cambian y hay momentos en los que un hermano o un primo o una tía pueden ser la opción ideal y algo conveniente.

Entonces, ¿qué debemos hacer? Para responder a esto, podemos responder con la mejor y a la vez la respuesta más insatisfactoria: depende.

Lo sentimos, pero realmente depende. Si organizas un baby shower más bien tradicional o convencional, puede ser prudente que no sea un pariente quien esté a cargo de la organización. Además, incluso si, en lo personal, te sientes cómodo con la idea de que un familiar debe ser el encargado de organizar la fiesta, puede que algunos de los invitados – que pueden no tener tan buena relación con él – se sientan menos cómodos y puedan objetar (o simplemente susurrar sobre él a sus espaldas).

Haz uso de tu buen juicio en este caso. Quizás el consejo más práctico sea el siguiente: si se puede organizar de forma cómoda y agradable el conjunto de preparativos, entonces, probablemente será el mejor camino a seguir. Sin embargo, si eso no es posible, verosímil o preferible, entonces no te sientas como si fueras alguien del espacio exterior porque eres pariente de la futura madre. Cada vez más personas están rompiendo con la tradición; sobre todo porque sienten que la percepción de un familiar "pidiendo regalos" posiblemente ya no existe.

Los regalos (hablamos más adelante en este libro sobre ellos) son parte importante de los baby showers; es muy difícil imaginar uno sin regalos. Dado que este es el caso, si las peticiones proceden o no de un pariente, sin duda, no es importante para los asistentes. Probablemente los invitados están concentrados en lo que todo baby shower debe centrarse: la futura madre y una maravillosa oportunidad de compartir su alegría.

Ahora bien, quizás te sorprenda leer que hay personas que pueden no querer ser las encargadas de organizar un baby shower. Es un hecho que hay que conocer. Es de suponer que si estás leyendo este libro es que estás encantado/a con la tarea y que quieres organizar algo de calidad - y fácil! – en donde todo salga a la perfección.

Sin embargo, si tu no eres el futuro organizador de la fiesta del bebe en camino, sino quizás la futura madre que está a punto de entregar este libro a un familiar o amigo que va a organizar el evento, entonces debemos parar un momento para hablar de algo importante.

Un baby shower es un evento maravilloso que está lleno de risas, amor y tal vez un par de lágrimas (de felicidad). Sin embargo, poner todo esto junto puede requerir una inversión de tiempo. No es un montón de tiempo; no en comparación con, por ejemplo, la planificación de una boda o para algunas personas, la planificación de unas vacaciones.

Sin embargo, es justo señalar que la elaboración de un baby shower requiere un poco de esfuerzo y un poco de tiempo. Si estás a punto de nombrar a alguien para asumir esta tarea, por favor, ten esto en cuenta; esa persona debe entender que va a necesitar tiempo y un poco de trabajo (pero es un trabajo divertido, por supuesto).

Y si te han pedido que organices un baby shower - o si acabas de conocer que lo harás - y estás un poco preocupado/a acerca de tu propia falta de tiempo libre, entonces no te preocupes. Este libro te ayudará enormemente. Por otra parte, nada te impide la contratación de un ayudante o dos que te echen una mano con los detalles, tales como la preparación de alimentos, refrescos y ayudar con las decoraciones y los juegos.

¿CUÁNDO HACERLO?

Esta es una pregunta importante, y por supuesto, que se debe responder. Y como de costumbre, hay algunos puntos de vista diferentes sobre cuándo celebrar el baby shower.

Afortunadamente, sin embargo, estos puntos de vista no son tan discutibles como cuando hablamos sobre si un familiar puede o no puede ser el encargado de organizar la fiesta del bebé (como hemos comentado más arriba). Así que no te preocupes; este es un reto más fácil y sencillo de resolver.

Ahora, el verdadero problema aquí es, simplemente, que no hay una respuesta clara a la pregunta: ¿cuándo debería celebrarse? La respuesta a esta pregunta casi siempre depende de factores que son específicos de los invitados y otros asuntos de la futura madre.

Así que en lugar de proporcionar una respuesta de "talla única para todos" aquí - que es algo que no podemos hacer sin conocer los detalles de su baby shower en concreto - vamos a ver las variables. Una vez que sepas esto, podrás fácilmente determinar cuando celebrar el baby shower.

LOS PADRES

Vamos a empezar con la futura madre. Ella puede tener una preferencia de cuando debe celebrarse el baby shower; y esta preferencia debe ser escuchada. El futuro padre también podría opinar sobre el tema, lo cual es maravilloso y debe ser parte del proceso global de toma de decisiones.

¿Qué tipo de cosas pueden influir en una futura madre en la preferencia de cuando el baby shower debe celebrarse? Algunos futuros padres prefieren tener el baby shower cuando ya pueden sentir al bebé, cuando ya se nota que el bebe está en camino. En términos prácticos, esto significa que el baby shower podría celebrarse hasta bien entrado el segundo trimestre o en el tercero.

LOS INVITADOS

Como todos sabemos, diciembre es mes de fiestas y eventos; tanto de empresa como de carácter personal. Por ello, puede ser una gentileza no celebrar el baby shower del bebé durante la "temporada de fiestas", ya que puede influir en la gente que puede asistir (o ser capaz de influir en que cuando asisten no se centren demasiado en el evento ya que tienen más de tres "tertulias" para ir después del baby shower!).

Además, si vives en un clima invernal, puede ser una agradable idea no tener el baby shower en pleno invierno. Es cierto, la vida continúa en enero y la gente va a trabajar y hace muchas de las cosas que quieren hacer (ir de compras, ir a restaurantes, etc.), pero si no hay absolutamente ninguna diferencia para ti y el futuro padre o la futura madre en celebrar el baby shower a finales de enero o a finales de abril, entonces puede ser recomendable elegir esta última; simplemente por problemas climáticos.

LOS REGALOS

Esto es algo en lo que la mayoría de la gente no piensa hasta que alguien lo trae a colación, y luego se dicen a sí mismos: ohhhh, sí, eso tiene sentido! Afortunadamente para ti, estás leyendo este libro y ese pensamiento ya esta incluido mucho antes de que algún invitado lo pregunte.

Como todos sabemos, algunas personas prefieren hacer los regalos en función del género. Aunque, de hecho, los tiempos han cambiado y los encargados de artículos relacionados con el bebé están creando más elementos no sexistas, todavía hay un gran contingente de personas que quieren dar regalos azules a un bebé niño o regalos de color rosa a un bebé niña.

A la luz de esto, si los futuros padres han decidido conocer el sexo del bebe y han decidido compartir esta información con el resto del mundo, puede ser útil compartir esta información con los asistentes al baby shower. En otras palabras: algunas personas estarán agradecidas de saber si hay un niño o una niña en camino antes de comprar su regalo.

Las pruebas para conocer el sexo del bebé se suelen realizar en el segundo trimestre del embarazo, aunque a veces no es posible conocer el sexo hasta más adelante por diversos motivos. Este aspecto puede influir en cuanto a la elección de fecha para el baby shower, ya que puede ser necesario esperar hasta conocer esta información (suponiendo, claro está, que los futuros padres quieran conocer el sexo de su bebé).

DESPUÉS DEL NACIMIENTO

Algunas personas se sorprenden al saber que muchos baby showers ocurren después de que el bebé ha nacido. En realidad, esto es muy común, ya que, además de tener el baby shower en sí, este momento ofrece a los huéspedes la maravillosa oportunidad de ver realmente al bebé (y hacer todo tipo de sonidos simpáticos al bebé que a todos nos gustan hacer!).

La celebración de un baby shower post-parto también puede funcionar mejor a la luz de otros factores mencionados anteriormente, tales como el clima y las preferencias de los futuros padres.

EL ENVÍO DE LAS INVITACIONES

designed by freepik.com

Bueno, aquí es donde las cosas pueden ser un poco incómodas. Este es el punto en donde algunas personas temen estar a cargo de un baby shower ya que: ¿a quién invitar?

Una buena regla de oro aquí es trabajar con la futura madre (e idealmente, el futuro padre) con el fin de decidir quién debe asistir y quien se debe dejar fuera de la lista. Este es un tema delicado y puede causar una serie de dolores de cabeza de mayor o menor importancia.

El problema es, simplemente, que si bien sería ideal invitar a todo aquel que quiera asistir, esto no es práctico; ya sea económicamente o simplemente en términos de planificación. En última instancia, las decisiones tendrán que ser hechas, y si se puede trabajar con los futuros padres las posibilidades de acertar con las personas correctas se incrementarán.

Una vez que hayas averiguado a quién invitar - y este proceso puede tomar unos días para pensar y re-pensar - el siguiente paso es enviar las invitaciones. Asegúrate de hacer esto con suficiente antelación a la fecha del baby shower. Hay dos razones principales para ello.

En primer lugar, desearás dar a tus invitados suficiente tiempo de espera para que si tienen algo planeado en la fecha del evento puedan, si lo desean, cambiar esos planes con el fin de asistir. Si no se proporcionan con suficiente antelación, incluso si quieren cambiar sus planes existentes, podrían no ser capaces de hacerlo.

En segundo lugar, desearás dar a la gente el tiempo suficiente para contestar (es decir, confirmar su asistencia). Algunas personas no son las más organizadas del mundo y, como tal, puede ser que no confirmen su asistencia de forma inmediata. Por esta razón, querrás darles un poco de tiempo para llegar a esto en su lista cada vez mayor de tareas.

Ahora, hay otra cuestión aquí que debemos discutir. Algunas personas piensan, o simplemente asumen, que si alguien no confirma su asistencia, eso significa que no va a asistir. En realidad no es técnicamente correcto.

Entonces, ¿cuál es el problema? Es que puede ser un poco desastroso suponer que si no se recibe una confirmación, que la gente no va a asistir. Algunas personas simplemente aparecen cuando ya asumieras que no venían porque no confirmaron su asistencia.

Naturalmente, por supuesto, las personas deben confirmar su asistencia y hacer saber si van a presentarse. Es lo que una persona educada debe hacer sin cuestión Sin embargo puede ocurrir que las personas que no han invertido horas y días en la organización del baby shower no le den la importancia suficiente al hecho y no se den cuenta de que están siendo descorteses apareciendo sin previo aviso.

Entonces, ¿cómo resolver este problema? Bueno, pues como toda posible situación: evitándolo antes de que sea un problema. Para garantizar recibir respuesta de todos tus invitados, en función del número de invitados, puede ser una buena idea incluir un sobre franqueado y con tu dirección y una nota auto escrita en cada invitación que diga algo como lo que sigue:

¡Está cordialmente invitado a asistir a la fiesta de bienvenida al bebé de nuestra amiga Darla!

El baby shower se llevará a cabo el 15 de abril a las 1:30 p.m. Tendrá lugar en mi casa, que está en 123 Main Street. La zona cuenta con un amplio aparcamiento en la calle. Si usted necesita más indicaciones, por favor llámeme al 555-1234. Nos gustaría tener una idea de cuantos amigos de Darla podrán asistir. ¿Podría usted por favor, rellenar el formulario que se incluye a continuación marcando la casilla correspondiente, y luego enviármelo por correo en el sobre adjunto? Por favor, agradecería contestación antes del 28 de marzo. ¡Muchas gracias! (marque una opción)

o Asistiré bebé baby shower de Darla el 15 de abril a las 1:30 p.m.
o Yo lamentablemente no voy a poder asistir al baby shower.

Puedes crear cualquier variación de esta carta o crear tu propio modelo. Esto es sólo una pequeña y sencilla muestra que resalta las cosas que debes preguntar: si un invitado asiste o si no lo va a hacer. En otras palabras, no quieres ninguna zona gris; no quieres generar cualquier duda del tipo: No respondí, así que no voy. Una pequeña nota similar a la anterior obliga, de una manera educada y de buen gusto, a un invitado a expresar activamente si va a aparecer o no.

Ahora, si su lista de invitados es pequeña puede ser posible hacer una pequeña campaña y recoger los teléfonos de los invitados para contactar con ellos y saber de primera mano si van a asistir o no. Además este sistema le da a sus invitados la oportunidad de hacer preguntas pertinentes, tales como si la futura madre tiene una lista de regalos. Vamos a hablar de esto ahora.

TENER O NO TENER LISTA DE REGALOS

Esta es otra de esas decisiones que implican a la futura madre y, probablemente, al futuro padre también. Las listas de regalos son unos inventos maravillosos que ayudan por lo general a resolver problemas tales como:

* ¿Qué quieren los futuros padres como regalo?
* ¿Qué artículos de regalo ya han sido comprados por otros invitados?
* ¿Qué rango de precios es el adecuado?

Así que con todos estos puntos a favor de las listas de regalos, ¿por qué alguien podría no usar una? Bueno, hay varias razones. La razón más simple son las preferencias. Algunas personas simplemente no quieren limitar la gama de cosas que los invitados podrían comprar; especialmente si algunos regalos no se encuentran típicamente en las tiendas que ofrecen las listas. Por ejemplo, algunas piezas artísticas como un móvil de madera o un hermoso cuadro para colgar en la habitación del bebé.

Otra razón es el coste. Dependiendo del número de personas invitadas a la fiesta del bebé, y suponiendo que los que han sido invitados asistir, puede haber una ligera incomodidad si la lista contiene posibilidades de regalo que podrían estar francamente fuera del rango de precios de las personas invitadas. Además podría ocurrir que los regalos más económicos sean cogidos por las personas que reciben la invitación primero, dejando a los siguientes sólo las opciones más caras, generando malestar por ello.

Para ayudar a hacer frente a esta situación, es posible que tú (como organizador) de manera informal recomiendes que la gente se una para comprar ciertos artículos de precio más elevado, como una cuna o un cochecito. De esta manera, la gente todavía puede permanecer dentro de sus limitaciones de presupuesto y al mismo tiempo realizar la compra de algo que los padres quieren y, de hecho, necesitan (ya que los bebés pueden ser muy caros!).

Recuerda, por supuesto, que si se elige la opción de la lista, hay que proporcionar todos los detalles necesarios. También puede ser conveniente incluir tu número de teléfono por si alguien tiene alguna pregunta sobre los regalos o el listado.

De esta forma el puñado de personas que pudieran estar interesadas en participar en la compra de alguno de los regalos más caros pueden contactar a través de ti para reunirse y adquirir el artículo en cuestión.

LA FIESTA DE BIENVENIDA

OK. Hasta el momento ya sabemos cuando celebrar el baby shower, a quien invitar y si usar o no una lista de regalos. Así que eso es todo lo que hay que hacer, ¿no? ¡Qué va! En realidad, has hecho un poco del trabajo (por el cual te mereces un aplauso!).

Pero todavía hay más trabajo por hacer. Ahora estás realmente en el meollo del asunto y es el momento de averiguar lo que vas a hacer en el baby shower.

Esta sección puede parecer un tanto extraña. Al fin y al cabo, en este tipo de evento lo normal es que la gente se presente, se abracen, sonrían, feliciten a los futuros padres y pasen un buen rato. Esta parte ya esta cubierta.

Sin embargo, hay algo más que esto. Además de los eventos naturales, por así decirlo, que van a ocurrir en el baby shower, debes continuar la gestión de la fiesta. En otras palabras, tienes que tener planeadas cosas para entretener a los invitados y algo para que puedan beber y comer durante la celebración.

QUÉ HACER: TEMAS

En caso de no haber ido a una fiesta de bienvenida para bebés últimamente, aquí hay algo de información útil: ¡los temas que están de moda!

Esto significa que más y más personas están optando por crear un cierto estilo o tema, para el desarrollo del baby shower. ¿Recuerdas los bailes de la escuela que se organizaban en torno a un tema como un estilo de música o una época? Y así la decoración, música y demás elementos reflejaban el tema elegido. Bueno, eso es lo mismo que ocurre en los baby shower temáticos.

Ahora, el cielo realmente es el límite en cuanto al tema que podrías usar. En serio: cualquier cosa que te puedas imaginar, siempre que sea realista y esté dentro de tu presupuesto, estará muy bien.

Para crear un tema, simplemente tienes que reflejar el mismo en los siguientes elementos: las invitaciones (por ejemplo, Alicia en el País de las Maravillas), la decoración (globos, carteles, muñecos, etc.), así como la comida y la bebida debe tener relación también.

Puedes usar tu propia imaginación o consultar en Internet ejemplos de decoración y temática para baby showers, leyendo incluso opiniones de personas reales que han llevado a cabo sus baby showers con éxito (al igual que será el tuyo).

TEMA: UNA FIESTA DEL TÉ

¿Recuerdas haber jugado de pequeños a imitar la hora del té? Te reunías con tus pequeños amigos o tal vez con tus animales de peluche (que estaban vivos, por supuesto), y juntos os sentabais y disfrutabais de una agradable y alegre charla con una taza de té. En aquel entonces, es posible que el té fuera, bueno, de la variedad invisible. Después de todo, no te estaba permitido tener agua hirviendo en una olla; ya que podías quemarte. Ahora, sin embargo, ya has crecido y puedes disfrutar de una variedad de té visible, cuyo sabor, sin duda, es un poco diferente.

Para disfrutar de este tema, sólo tienes que volver a crear esa visión de cuando eras joven. Pide a todos sus invitados que traigan sus muñecos favoritos de cuando eran niños (que aún están con vida, por supuesto), y haga que se sienten en sillas alrededor de la zona donde se celebra la fiesta del bebé (probablemente la sala de estar o tal vez un sótano terminado).

Este tema es seguro que va a traer de vuelta un montón de buenos recuerdos a todos sus invitados; porque la mayoría de nosotros hemos jugado a este juego o similares unas cuantas veces cuando éramos niños.

También puede ser una opción que en los peluches de los invitados se incluyan notas o regalos para el bebé.

TEMA: CELEBRITY

En serio: ¿a quién no le gustaría sentirse como una celebridad de vez en cuando? Imagínate, tener gente que te rodea bulliciosa intentando conseguir tu autógrafo o hacerse una foto contigo para las revistas más fashion... ah, qué vida.

La celebridad aquí, sin embargo, no vas a ser tu (lo siento), ni incluso la futura madre. ¡Va a ser su bebé!

Para la decoración en este tema se puede usar un gran letrero de Hollywood en el césped o pasillo principal, entre otros. Las invitaciones pueden ser comunicados de prensa, en lugar de invitaciones tradicionales, anunciando la venida de la próxima estrella de Hollywood.

Y, por supuesto, ¡no te olvides de la tarta! En lugar de la habitual tarta, esta puede tener forma de estrella - como las del Paseo de la Fama.

Todos estos pequeños elementos le darán un toque de humor y energía al baby shower del bebé y además asegurar de que es una experiencia inolvidable para todos, especialmente para la futura madre.

TEMA: CUENTOS DE BEBÉ

No importa qué tipo de infancia tuvimos o cómo llegamos a encontrarnos acurrucados leyendo ese primer libro que tan buena una impresión tuvo en nuestro crecimiento e imaginación. Pudo haber sido una historia fantástica o un libro de misterio.

En cualquier caso, en este tipo de baby showers cada invitado (además de traer su regalo para el futuro bebé) debe traer algún libro especial de su infancia; algo que lo inspiró y al que, de hecho, sigue manteniendo en un lugar especial en su corazón después de todos estos años.

A pesar de que aún van a pasar un buen número de años antes de que el bebé aprenda a leer alguno de los libros, estos servirán para crear una biblioteca maravillosa con la que el niño puede crecer; y que es muy especial, ya que cada libro que tiene ha sido elegido con gran cuidado y afecto.

Además este tipo de temática tiene un valor añadido ya que supone un fantástico hilo conductor en las conversaciones entre los invitados, ya que estos pueden compartir porque tal libro ha sido tan especial para ellos.

QUÉ HACER: JUEGOS

designed by freepik.com

Los baby showers de bebé son lugares ideales para jugar juegos. No sólo ayudan a romper el hielo y hacer que la gente se ría, sino que como los baby showers son para divertirse: ¿Qué hay más divertido que un buen juego? Es mejor que trabajar, eso está claro!

Hay varios juegos que puedes jugar, que van desde los antiguos, como charadas, a algunos más modernos, como los juegos de trivial. Un viaje a tu tienda de juguetes local te llenará con varias ideas de lo que podría funcionar.

También puedes crear tu propio juego para la ocasión o alterar alguno de los juegos tradicionales para adaptarlo a la temática de tu fiesta.

JUEGO: LA FOTO GANADORA

Este pequeño y sencillo juego implica lo que la mayoría de la gente ama en la vida: comer. Basta con poner una foto de un bebé debajo de uno de los platos que se entregarán a los invitados y a comer. No se puede decir a nadie que la foto está ahí; simplemente comer tranquilamente. Cuando la parte de la comida esté llegando a su fin, diles a tus invitados que miren debajo de su plato para ver quien ha sido el afortunado con la imagen con premio.

JUEGO: EL PRECIO JUSTO

A la gente parece que les encanta este juego, ya que se basa en lo que muchos consideran el mejor programa de juegos de todos los tiempos: El precio justo.

Basta con comprar una serie de artículos de bebé, como pañales, alimentos para bebés, un chupete o cualquier cosa que se puede encontrar en una tienda de barrio normal. Luego, pide a los invitados que hagan una estimación de cuánto creen que costó todo. Premie a cada ganador con un premio; o puntos, que se sumarán al acabar todas las rondas. El ganador puede conseguir un premio.

JUEGO: ESE... ¿ERES TÚ?

Este es un juego tremendamente divertido. Pide a cada invitado que traiga una foto de bebé de sí mismos. Recoje cada imagen y luego ponlas en un tablero gigante. Durante el baby shower, permite a los invitados ir y navegar por el gran tablero de fotos. Entrega a cada invitado con un pedazo de papel y un bolígrafo / lápiz, y pídeles que escriban los nombres de quienes piensan que son en cada imagen (pon un número al lado de cada imagen para que se puede hacer referencia).

Al final del juego, se revelan las respuestas para ver quién tiene el mejor ojo. Este juego es un poco competitivo pero siempre lleva a un montón de risas y exclamaciones del tipo: ¡que ricura eras de bebé!

COMIDA

El autor Randy Wilson ha realizado un maravilloso artículo sobre la importancia de la comida en el baby shower del bebé. La primera cosa que Wilson señala sabiamente es que un ciclo completo de comida realmente no es lo típico para un baby shower. Más bien, cosas de picar, aperitivos y tentempiés como patatas fritas y galletas saladas son artículos más comunes. Una tarta es también bastante común, al igual que otros postres, como helados y pasteles. Si vas a gastar en cualquiera de estos artículos, destinar una parte más grande del presupuesto a la tarta y pasteles es aceptable. Al fin y al cabo, ¿quién no disfruta con una buena tarta?

Además, como se señaló anteriormente, los alimentos en el baby shower pueden estar relacionados con la temática del mismo. Si el tema es ser una celebridad, por ejemplo, entonces los bocadillos pueden ser en forma de pequeñas estrellas. No obstante, los alimentos no tienen porque reflejar el tema; esto no significa que debas sentirte mal o considerarlo un fracaso, si no puedes encontrar una manera de hacer sándwiches en forma de estrella.

Sin embargo, si puedes plasmar la temática en todo harás que el baby shower sea mucho más inolvidable para los invitados y los futuros padres.

Tener una amplia selección también es importante; y se discute esto con cierto detalle en la sección "Consejos de un Experto" de este libro. Baste decir que hay que tratar de tener suficiente variedad para tener en cuenta los gustos y preferencias dietéticas.

Hoy en día, un enfoque prudente es dejar que en cierto modo, los invitados completen sus raciones.

Por ejemplo, en lugar de poner el aliño de ensaladas en la ensalada, como la mayonesa o la salsa César, puedes dejar estos aparte para que sus invitados lo agreguen, si así lo desean.

Lo mismo ocurre con los postres. A pesar de que es maravilloso tener ricos pasteles y sabrosas empanadas disponibles, siempre es aconsejable ofrecer fruta como alternativa. Algunas personas pueden no querer (o no poder) consumir muchas calorías o ingerir tanto azúcar.

CONSEJOS

Ah, sí. ¿Cómo sería un libro sin los consejos de quienes tienen información privilegiada? Estos son los juzgados, probados y, a veces lamentables detalles que realmente necesitas saber con el fin de crear, gestionar y completar un baby shower perfecto.

Te encontrarás con que probablemente algunos de ellos son de sentido común; aunque algunos pueden sorprenderte. Son aquellos desconocidos, los más importantes, ya que seguir los consejos - que hacer o no hacer - puede ser la diferencia entre hacer que tu fiesta sea memorable por las razones correctas y no el caso contrario.

PLANIFICAR

No hace falta decirlo (pero digámoslo de todos modos, ya que estamos aquí todos juntos!). Planea en avanzado!

Tú puedes ser una de esas personas muy talentosas que tienden a hacer las cosas sin mucha planificación; sólo tienes un don para ir sacando las cosas adelante y, con frecuencia, para hacerlo justo a tiempo. Si esto te suena a como eres, entonces realmente debes prestar atención a estas sabias palabras: planea en avanzado!

Lo que pasa con un baby shower es que hay una gran cantidad de variables que se unen para determinar si este tiene éxito o no. Como ya sabemos por la lectura de la primera sección de este libro, todo, desde la elección de la hora, mes del año y tiempo de envío de las invitaciones para contar con las confirmaciones a tiempo, son elementos que pueden influir en el baby shower. O, para poner las cosas claras más francamente: si algo está mal en cualquiera de estos elementos, entonces es casi seguro que pueden influir negativamente en la experiencia general del baby shower.

Así que, ¿cómo lidiar con esto? Simplemente planificar el futuro. Ten un plan - escríbelo! - y analiza lo que tienes que hacer y en qué plazo de tiempo. Si necesitas ayuda, entonces habla con la futura madre y recluta a algunos ayudantes. Si necesitas consejos para tomar una decisión - como a quién invitar – puedes obtener la ayuda que necesitas. Mediante la planificación, serás capaz de ver lo que tienes que hacer y, por lo tanto, continuar adelante y hacerlo.

En el otro lado, cuando no se planifica, es casi seguro que se va a pasar por alto un detalle o dos. En ese momento, puede parecer menor, sin embargo, una vez que el baby shower sucede en realidad, es un poco como un coche de carreras de la Indy 500: si hay defectos, estos se manifestarán. Así que no dejes que estos pequeños detalles estropeen la fiesta.

Si no eres un buen planificador, entonces aquí está tu oportunidad de ser uno. No es difícil en absoluto; sólo requiere un poco de esfuerzo.

DECORAR

Una de las cosas más memorables de la fiesta del bebé serán las decoraciones. Pueden parecer como otro detalle de menor importancia en un mar de detalles pero van a ser algo que la gente nota, aprecia y, de hecho, recuerda.

No es necesario tirar la casa por la ventana y gastar un montón de dinero en decoración. De hecho, la mayor inversión aquí será probablemente tu tiempo. Sólo tienes que elegir las decoraciones que reflejan el tema que has elegido.

Es posible que desees consultar a la futura madre en las decoraciones. También puede ser recomendable para adaptarse a sus gustos. Por ejemplo, si la futura madre tiene un miedo mortal a las arañas, un tema con decoraciones con arañas gigantes no sea probablemente la decisión más sabia a hacer.

CATERING ACORDE

Quizás más que nunca la gente hoy en día está muy interesada en lo que come y lo que no come. En el pasado, bastaba con decidir el catering en base a temas religiosos.

Por ejemplo, muchos católicos no comen carne roja en viernes santo o durante la cuaresma. Como tal, si la lista de invitados incluía a personas que supieras que siguen esta práctica, sólo era necesario incluir alternativas, tales como pescados y mariscos. O si sus invitados eran judíos, no servir cerdo.

Si bien estas normas catering culturales todavía ciertamente se aplican, más gente en estos días está optando por basar su alimentación en el estilo de vida y no sólo los religiosos o espirituales. Muchas personas, por ejemplo, no comen alimentos que contienen grasas trans. Otras personas no comen alimentos con alto contenido en hidratos de carbono o proteínas (que difícil es decir lo que es bueno en estos días y lo que es malo!). También hay muchos vegetarianos en el mundo occidental en estos momentos y eso, también, puede ser un poco confuso. Algunas personas que se describen como vegetarianos comen pescado. Algunos beben leche. Algunos no comen queso o miel.

Solo por diversión, visita el sitio web de cualquier línea aérea internacional, como American Airways o Delta, por ejemplo. Y dentro de su sitio, echa un vistazo a la sección de la hospitalidad en vuelo para ver los diferentes tipos de comidas que están disponibles. Te sorprenderás por el número de categorías diferentes de comida que hay.

Encontrarás de todo: bajas calorías para lacto-vegetarianos, baja en carbohidratos, bajo en sodio y aún más.

Ahora bien, no te preocupes: ¡no tienes que servir a decenas de tipos de comida! La idea aquí es simplemente ser consciente de que en el mundo actual, la gente está mucho más informada acerca de lo que va a comer y lo que no comerá. Así que cuando tomes tus decisiones de catering, trata de pensar un poco en ello. Esto lo que quiere decir es que veas si hay opciones que pueden hacer que todos tus invitados disfruten de los alimentos. Por ejemplo, si estas pensando en tener un expositor con sándwiches, puede ser prudente tener un plato con embutidos separados para que la gente pueda escoger y elegir según sus propios gustos.

Aquellos que no quieren embutidos (por cualquier razón, incluyendo preferencia por el sabor), simplemente pueden no cogerlos.

También considere los tipos de alimentos que ofreces. Si tu lista de invitados va a estar llena predominantemente con un elevado número de invitados que no pueden consumir apio - que es el asesino de las dentaduras! Puede no ser buena idea incluirlo.

Antes de ir a la siguiente tarea, por favor, tómate un momento para considerar si vas a poner o no alcohol en el baby shower del bebé.

Este libro no es una guía legal y nada dentro de el, naturalmente, debe considerarse como asesoramiento legal. Sin embargo, según informes de medios de comunicación, ha habido algunos casos donde la gente en las fiestas consume demasiado alcohol y, como consecuencia, se han lesionado a sí mismos y a otras personas. Esto es bastante trágico en sí pero para añadir aún más infelicidad, los anfitriones de la fiesta también fueron vistos como parte responsable.

Estos casos aislados han cosechado la atención de los medios, fuera por ser vacaciones o víspera de año u otras fiestas, donde el alcohol se considera un elemento básico. Es difícil imaginar un baby shower donde nadie beba pasado el punto de sensible. Sin embargo, puede suceder, y es algo que hay que tener en cuenta. Así que si vas a servir alcohol de cualquier tipo - ya sea ponche o vino, etc. - a continuación, asegúrate de que haces lo necesario para cortar a la gente que no sabe cuándo parar.

La elección es tuya (y, presumiblemente, de los futuros padres) pero es algo que vale la pena discutir de antemano.

ESTABLECER UN TIEMPO

Los baby showers de bebé son eventos maravillosos llenos de relax, risas y emociones positivas compartidas. Sin embargo, todas las cosas buenas tienen que tener un final. O más bien, todas las cosas buenas deben llegar a su fin mientras siguen siendo buenas.

Esto significa, simplemente, que debes tener un tiempo final claro para el baby shower del bebé. Esto permite a los visitantes planificar eficientemente su día y también da a todos la oportunidad de salir al mismo tiempo y no parecer de mala educación "tener que irse y hacer que se pierda toda la diversión".

No tienes que vigilar que el baby shower termine a la hora establecida con precisión, esto no es una reunión de trabajo ni de accionistas.

Mientras que vayas marcando el comienzo del baby shower a través de sus diferentes fases (por ejemplo, pasar de los juegos a los alimentos con el tiempo suficiente para que la gente coma), lo importante aquí es que la fiesta del bebé debe terminar a tiempo.

NO ELIJAS JUEGOS DIFÍCILES O EMBARAZOSOS

Hemos recorrido un largo camino desde las charadas. Ahora, hay estanterías llenas de juegos diseñados específicamente para los adultos. Algunos de estos juegos, como te puedes imaginar - o podrías haber incluso disfrutado por ti mismo una vez o dos - son de la... eh... bueno, pueden ser un poco picantes. Y pueden hacer preguntas incómodas e inspirar momentos difíciles; porque eso es parte de la diversión del juego.

Ahora bien durante el baby shower, simplemente no queremos que la palabra "incomodo" pueda estar presente. De hecho, lo que querrás es mantener las situaciones incómodas por lo menos a 500 pies de distancia de tu fiesta en todo momento. Así que para ayudar a hacer esto, asegúrate de que los juegos que elijas son adecuados para todos y que no darán lugar a situaciones embarazosas.

Además, hay que pensar más allá de si el juego en sí está destinado "sólo para adultos". Algunos juegos, como Twister, no pueden ser normalmente disfrutados por personas que pueden ser obesos o que padecen de alguna limitación física. Por ejemplo, si uno de sus invitados debe ir en una silla de ruedas, tener un juego que requiere movilidad - como Twister, o una interpretación conmovedora de las sillas - puede ser muy difícil. En realidad, puede inspirar sentimientos heridos.

Naturalmente, no se puede esperar que estén planificadas todas las posibles eventualidades. No vas a saber, por ejemplo, que uno de los invitados tuvo una experiencia muy traumática con una piñata cuando era niño y, por lo tanto, cuando hay una sale fuera de la habitación gritando cuando la ve volando por el aire. Así ¿que es lo que se debe hacer cuando no se puede saber todo lo que hay que saber?

Simple: sólo hay un par de opciones. Mantenga un par de juegos de respaldo a mano, en caso de que detecte que la gente se siente incómoda con las primeras opciones. Suena como una solución simple, una tontería, pero realmente puede marcar la diferencia entre mantener la reunión de forma agradable o de que esto bloquee el baby shower.

NO HAGAS QUE LA GENTE COMA DE PIE

Para algunas personas, comer mientras están de pie puede estar bien; en particular los niños, que siempre parecen estar listos para irse a hacer algo en cualquier momento. Alguna gente incluso come mientras hace otra cosa, como caminar o hablar por teléfono.

Sin embargo, es seguro asumir que los invitados de tu baby shower no van a realizar movimientos frenéticos. Probablemente ellos querrán sentarse tranquilamente y comer; y eso es por lo que debes asegurarte de que tienen un sitio para sentarse, y un lugar para comer.

Esto es un error en muchos baby showers. Lo que pasa es que a veces es muy difícil imaginar cuántas mesas o sillas son necesarias. Una habitación puede parecer muy amplia, pero al llenarla con 15 personas o más, puede llegar a ser muy estrecha. Una vez más, la solución a esto es la planificación. Toma una buena idea del espacio en el cual el baby shower se llevará a cabo.

Literalmente cuenta el número de espacios. Si no hay suficientes huecos para que el número de personas que asisten estén cómodas y cuenten con sitio para sentarse, entonces tienes que hacer algo al respecto.

Una solución rápida y fácil podría ser alquilando mesas plegables y sillas que pueden ser colocadas fácilmente y que luego se pueden retirar cuando la comida se ha terminado. O bien, si el tiempo lo permite, se puede tal vez contar con hacer las cosas fuera. Si haces esto, sin embargo, ten en cuenta que algunas personas pueden querer comer dentro. Por otra parte, siempre hay que tener en cuenta que con el tiempo las predicciones son simplemente eso: predicciones. No sobreestimes la precisión de un pronóstico soleado; todos hemos tomado conciencia de tormentas en el día de un gran picnic. También hay que tener en cuenta que en la cultura occidental (por ejemplo, Estados Unidos, Canadá y algunas partes de Europa occidental), el espacio es generalmente visto como más grande que los de otros países.

Puedes ver visiblemente esto si montas en el metro, digamos, en Nueva York en comparación con Tokio. Cuando sea posible, los neoyorquinos permitirán unos 2 pies de espacio personal en torno a cada persona. Por supuesto, en las horas pico esto no es posible, pero de lo contrario la regla de 2 pies es generalmente la utilizada.

En Tokio, sin embargo, las expectativas personales espaciales son alrededor de 1 pie; independientemente de la densidad del vagón del metro.

La gente en Japón está simplemente más cómoda con un 1 pie de espacio personal, mientras que las personas en los EE.UU. están simplemente más cómodas con un espacio de 2 pies. ¿Qué significa esto? Esto significa que debes ser consciente de las necesidades de espacio personales entre tus invitados; porque si no es así, entonces van a estar incómodos. Así que incluso si crees que tienes suficiente espacio para acomodar y alimentar a 15 personas, pregúntate: ¿es esto realmente así? ¿o es que, literalmente, estás metiendo a la gente para sentarse y comer al lado de otro de una manera que va a ser culturalmente incómoda? Son pequeñas cosas como ésta, que pueden parecer detalles superficiales, las que en realidad, marcan una gran diferencia cuando el baby shower realmente sucede. Así que si realmente no tienes suficiente espacio, a continuación, toma medidas para encontrar más espacio; o, por lo menos, no sirvas alimentos como las sopas que requieren un área de comer estable (silla firme y mesa firme).

Si no puedes encontrar espacio suficiente para todos los invitados, elige alimentos como bocadillos secos que la gente puede comer tal cual o sentándose en una escalera.

Obviamente, lo ideal es que todos se sienten. Pero si no puedes conseguirlo, entonces tu elección de catering puede hacer que las cosas marchen tan bien como puedan ir a fin de cuentas.

BABY SHOWERS EN PAREJA

Baby shower en pareja no quiere decir que las parejas deben ser invitadas a la fiesta del baby shower. En realidad, se refiere a que el marido de la futura madre invita a sus amigos a la fiesta del bebé.

Una muy buena evolución en la última generación es que más hombres están participando en toda la experiencia del embarazo. Muchos hombres están también implicados en el nacimiento en sí, ayudando a la madre con el entrenamiento y ayudándola a soportar el estrés.

En este sentido, no es extraño imaginar que cada vez más hombres quieren participar en los baby showers de sus futuros bebés.

La decisión de invitar a amigos del futuro padre – que en su mayoría serían hombres - es una decisión que, de forma natural, se haría por ambos futuros padres. No es nada aconsejable que el organizador de la fiesta, es decir ¡tú!, asumas esta decisión, ya que puede haber pros y contras sobre la sabiduría de esta opción.

Si decides invitar a las parejas y amigos del futuro padre, asegúrate de que esto se refleja en la invitación. Además, ten en cuenta que muchos hombres consideran el domingo un día sagrado, mucho más que en términos religiosos. Durante la temporada de fútbol (octubre a enero), el domingo es un día muy importante para muchos hombres; y la asistencia a un baby shower puede ser la última cosa que quieren hacer.

Así que ten esto en cuenta y si tienes que hacer la fiesta en un domingo, asegúrate de que no es domingo de la Super Bowl! Si no estás seguro de cuándo hay algún evento especial, consulta alguna guía o diario deportivo, donde podrás ver cuando es la temporada alta o baja.

También hay que tener en cuenta que algunos de los elementos femeninos de una tradicional de bienvenida al bebé - tales como, tal vez, el tema de la fiesta del té - probablemente deberían quedar descartados, si estás haciendo una fiesta en pareja. Encuentra algo entretenido y, en caso posible, neutral de género. Recuerda también que, sólo debido a la formación cultural, muchos hombres no están en el lado delicado de la vida. Así, mientras que con mucho gusto asistirán para apoyar a su amigo (el futuro padre), no esperes conseguir que pongan los ojos llorosos mientras discuten cual fue el libro más importante en su vida.

CONCLUSIÓN

Respira y date un aplauso. Ahora sabemos más sobre la planificación del baby shower perfecto de lo que la mayoría de la gente nunca sabrá.

Por ejemplo, ahora sabemos la importancia de la planificación de todo, desde el momento de la celebración, de la comida que se sirve, de si hay suficiente espacio para que la gente coma y pueda sentarse cómodamente.

También sabes acerca de temas y juegos que pueden hacer que el baby shower sea un evento memorable y feliz para todos. Y, por supuesto, sabemos sobre algunas de las cosas esenciales y aquellas que están prohibidas y que pueden marcar la diferencia en la determinación de si un baby shower tiene éxito o se encuentra con algunos problemas a lo largo del camino.

Recuerda que, como señalamos al comienzo de este libro, tu visión aquí en la planificación de la fiesta del bebé perfecta debe ser una visión flexible; aquí no está garantizado por prescripción que por arte de magia se llegará a la perfecta experiencia.

Cada baby shower tiene sus propios aspectos únicos y no hay realmente una manera de predecir lo que sucederá. Sin embargo, siguiendo el probado, simple y claro consejo recogido en este libro, puedes considerarte muy por delante y preparado/a para comenzar a organizar una fiesta de bienvenida para el bebé.

Mientras que otros no pueden entender por qué jugar a Taboo puede ser un error, los invitados de tu fiesta de bienvenida al bebé no tendrán ese problema.

Mientras otros tratan y obligan a sus invitados a comer sopa caliente sin una mesa para descansar, tus invitados podrán disfrutar de sándwiches deliciosos cómodamente.

Mientras que otros llevan a sus invitados, tus invitados gozarán de una tarde amena, gracias a los temas y juegos propuestos. Mientras que otros cometen el pecado capital de invitar a los hombres a un baby shower el domingo de la Super Bowl, o durante la final de cualquier otro campeonato, tú habrás previsto este aspecto.

... Y la lista sigue y sigue y sigue!

Buena suerte, diviértete y recuerda: los baby showers de bebé son ocasiones para compartir buenos momentos y divertirse! Ten esto en mente y no habrá ningún problema o desafío que no se puede superar.

Y no te olvides de llevar un diario de tus experiencias - positivas y no tan positivas. Esto puede servir a la vez como un recuerdo invaluable de tu experiencia y como una herramienta muy útil para cuando prepares tu próximo baby shower o ayudes a alguien a planificar su evento perfecto!

ᴼSIA information can be obtained
ww.ICGtesting.com
⁴ in the USA
¹3s1807310817
7LV00010B/745/P

9 781503 019577